AF227174

MONUMENT
DE LA BONTÉ

ET DE LA PIÉTÉ HÉRÉDITAIRES
DES BOURBONS.

1°. Dernières paroles de Saint-Louis au lit de mort;
2°. Instructions de Louis XIV;
3°. Testament de Louis XVI;
3°. Testament de Marie-Antoinette;
5°. Prière de Mme Elisabeth, pendant sa captivité;
6°. Dernières paroles du duc de Berry.

~~~~~~~~~~~~~~~~~~~~~~~~~~~~~~~~~

SECONDE SÉRIE.

~~~~~~~~~~~~~~~~~~~~~~~~~~~~~~~~~

A PARIS,

LIBRAIRIE MONARCHIQUE DE N. PICHARD,
QUAI DE CONTI, N° 5.

MDCCCXX.

INSTRUCTION DE SAINT LOUIS AU LIT DE MORT, ADRESSÉE A SON FILS PHILIPPE-LE-HARDY (1).

Cher fils, pour ce que je desire de tout mon cœur que tu sois bien enseigné en toutes choses, j'ai pensé que tu recevrois plusieurs enseignemens de cet écrit, car je t'ai ouï dire aucunes fois, que tu retiendrois plus de moi que de tout autre.

Cher fils, je t'enseigne premièrement que tu aimes Dieu de tout ton cœur et de tout ton pouvoir, car sans cela nul ne peut rien valoir : tu te dois garder de toutes choses que tu penseras devoir lui déplaire, et qui sont en ton pouvoir, et spécialement tu dois avoir cette volonté que tu ne fasses péché mortel pour nulle chose qui puisse arriver, et qu'avant tu souffrirois tous tes membres être hachés et ta vie enlevée par le plus cruel martyre plutôt que tu ne fasses péché mortel avec connoissance.

Si Notre Seigneur t'envoie aucune persécution ou de maladie ou d'autre chose, tu la dois souffrir débonnairement, et l'en dois remercier et savoir bon gré ; car tu dois penser qu'il l'a fait pour ton bien, et tu dois encore penser que tu l'as bien mérité et plus encore s'il le veut, pour ce que tu l'as peu aimé et peu servi, et pour ce que tu as fait maintes choses contre sa volonté.

Si Notre Seigneur t'envoie aucune prospérité ou de santé de corps ou d'autre chose, tu l'en dois remercier humblement, et tu dois prendre gardé que, de ce tu ne te décries ni par orgueil, ni par autre tort, car c'est grand péché que de guerroyer Notre Seigneur de ses dons.

---

(1) Lesdites Instructions ont été inscrites dans un registre de la Chambre des Comptes. Pour en faciliter la lecture au grand nombre, quelques expressions ont été rajeunies.

Cher fils, je t'enseigne que tu t'accoutumes à souvent te confesser, et que tu choisisses toujours confesseur de sainte vie et suffisante science, par quoi tu sois enseigné des choses que tu dois éviter et des choses que tu dois faire ; et aie telle manière en toi par laquelle tes confesseurs et amis t'osent hardiment enseigner et reprendre.

Cher fils, je t'enseigne que tu entendes volontiers le service de sainte Église ; et quand tu seras à la chapelle, garde-toi d'oser parler vaines paroles. Tes oraisons dis avec recueillement ou par bouche ou de pensée, et spécialement sois plus attentif à l'oraison quand le corps de Notre Seigneur sera présent à la messe.

Cher fils, aie le cœur compatissant envers les pauvres et envers tous ceux que tu penseras qui ont souffrance de cœur ou de corps, et suivant ton pouvoir, soulage-les volontiers de consolation ou d'aumône ; si tu as malaise de cœur, dis-le à ton confesseur ou à tout autre que tu penses qui soit loyal ou qui te sache bien garder secret ; pour ce que tu sois plus en paix ne fais que chose que tu puisses dire.

Cher fils, aie volontiers la compagnie des bonnes gens avec toi, soit de religion, soit du siècle, et esquive la compagnie des mauvais : aie volontiers bons parlemens avec les bons, et écoute volontiers parler de Notre Seigneur en sermons ; et en privé pourchasse volontiers les pardons. Aime le bien en autrui, et hais le mal, et ne souffre pas que l'on dise devant toi paroles qui puissent attirer gens à péché. N'écoute pas volontiers médire d'autrui ni nulle parole qui tourne à mépris de Notre Seigneur ou de Notre Dame, ou des Saints. Telle parole ne souffre sans en prendre vengeance ; que si elle venoit de clerc ou de si grande personne que tu ne puisses punir, fais le dire à celui qui pourroit en faire justice.

Cher fils, prends garde que tu sois si bon en toutes

choses; que, par là, il appert que tu reconnoisses les bontés et les honneurs que Notre Seigneur t'a faits, en telle manière que s'il plaisoit à Notre Seigneur que tu vinsses à l'honneur de gouverner le royaume, tu fusses digne de recevoir la sainte onction dont les Rois de France sont sacrés.

Cher fils, s'il advient que tu parviennes au royaume, prends soin d'avoir les qualités qui appartiennent aux rois, c'est-à-dire que tu sois si juste, que tu ne t'écartes de la justice, quelque chose qui puisse arriver. S'il advient *qu'il y ait querelle entre un pauvre et un riche, soutiens de préférence le pauvre au riche* jusqu'à ce que tu saches vérité, et quand tu la connoîtras, fais justice. S'il advient que tu aies querelle contre autrui, soutiens la querelle de l'étranger devant ton conseil : ne fais pas semblant d'aimer trop ta querelle, jusqu'à ce que tu connoisses la vérité; car ceux de ton conseil pourroient craindre de parler contre toi, ce que tu ne dois pas vouloir.

Cher fils, si tu apprends que tu possèdes quelque chose à tort, ou de ton temps ou de celui de tes ancêtres, aussitôt rends-le, toute grande que soit la chose, en terre, deniers ou autre chose. Si la chose est obscure par quoi tu n'en puisses savoir la vérité, fais telle paix par conseil de prudhommes par quoi ton âme et celle de tes ancêtres soient du tout délivrées : et si jamais tu entends dire que tes ancêtres aient restitué, mets toujours soin à savoir si rien ne reste encore à rendre, et si tu le trouves, fais le rendre aussitôt pour la délivrance de ton âme et celle de tes ancêtres.

Sois bien diligent de faire garder en ta terre toutes manières de gens, et spécialement les personnes de sainte église; défends qu'on ne leur fasse tort ni violence en leurs personnes ou en leurs biens, et je veux te rappeler une parole que dit le roi Philippe, un de mes aïeux, comme un de soñ conseil m'a dit l'avoir entendu. Le Roi étoit un jour avec son conseil privé, et disoient ceux de son conseil que les clercs lui faisoient grand tort, et que l'on s'émerveilloit comment il le souffroit. Il répondit : Je crois bien qu'ils me font grand tort ; mais quand je pense aux honneurs que Notre Seigneur me fait, je préfére de beaucoup souffrir mon dommage, que faire chose par laquelle il arrive esclandre entre moi et sainte église. Je te remémore ceci pour que tu ne sois pas léger à croire autrui contre les personnes de sainte église. De telle façon les dois honorer et garder qu'ils puissent faire le service de Notre Seigneur en paix ; ainsi t'enseigné-je, que tu aimes principalement les gens de religion, et les secoures volontiers dans leurs besoins, et ceux que penseras, par lesquels Notre Seigneur est le plus honoré et servi, ceux-là, aime-les plus que les autres.

Cher fils, je t'enseigne que tu aimes et honores ta mère, et que tu retiennes volontiers et observes ses bons enseignemens, et sois enclin à croire ses bons conseils ; tes frères aime et veuille toujours leur bien et avancement, et leur tiens lieu de père pour les enseigner à tous biens ; et prends garde que par amour pour qui que ce soit, tu ne déclines de bien faire, ni ne fasses chose que tu ne doives.

Cher fils, je t'enseigne que tous les bénéfices de sainte église que tu auras à donner, tu les donnes à bonnes personnes par grand conseil de prudhommes, et il me semble qu'il vaut mieux que tu donnes a ceux qui n'ont rien, et qui en feront bon emploi si les cherches bien.

Cher fils, je t'enseigne que tu te défendes, autant que cela te sera possible, d'avoir guerre avec nul chrétien ; et, si l'on te fait tort, essaie plusieurs voies pour savoir si tu ne pourras trouver moyen de recouvrer ton droit, avant de faire guerre, et aie attention que ce soit pour éviter les péchés qui se font en guerre. Et s'il advient qu'il te la convienne faire, ou pour ce qu'aucun de tes hommes manque en ta cour de droit prendre, ou qu'il fît tort à aucune église, ou à quelque personne pauvre que ce fût, et ne se veuille pas amender, par quoi ou pour autre cas raisonnable, pour quelque chose que ce fût qu'il te convient de faire guerre, commande diligemment *que les pauvres gens qui n'ont fautes ou forfaits soient gardés, que dommage ne leur vienne ni par incendie ni par autre chose;* car il te vaudroit encore mieux que tu aies à craindre le malfaiteur, pour prendre ses villes ou ses châteaux par force de siége; et garde que tu sois bien conseillé avant que tu meuves nulle guerre, que la cause soit beaucoup raisonnable, et que tu aies bien sommé le malfaiteur et autant attendu, comme tu le devras.

Cher fils, je t'enseigne que les guerres et débats qui seront en ta terre ou entre tes hommes, tu te mettes en peine, autant que tu le pourras, de les apaiser; car c'est une chose qui plaît beaucoup à Notre Seigneur, et messire saint Martin nous a donné beaucoup grand exemple, car il alla pour mettre concorde entre les clercs qui étoient en l'archevêché, au temps qu'il savoit par Notre Seigneur qu'il devoit mourir; et il lui sembla que par là il mettoit bonne fin à sa vie.

Cher fils, prends garde qu'il y ait *bons baillifs et bons prevôts en ta terre, et fais souvent prendre garde qu'ils fassent bien justice,* et qu'ils ne fassent à autrui tort ni chose qu'ils ne doivent : de même ceux qui sont en ton hôtel, fais prendre garde qu'ils ne fassent aucune injustice; car combien que tu dois haïr tout mal fait à autrui, tu dois plus haïr le mal qui viendroit de ceux qui de toi reçoivent le pouvoir, que tu ne dois des autres, et plus dois garder et défendre que cela n'advienne.

Cher fils, je t'enseigne que tu sois toujours dévoué à l'Eglise de Rome et à notre Saint-Père le Pape, et lui porte respect et honneur comme tu le dois à ton père spirituel.

Cher fils, donne volontiers pouvoir *à gens de bonne volonté qui en sachent bien user*, et mets grande peine à ce que les péchés soient ôtés en ta terre, c'est-à-dire le vilain serment en toutes choses qui se fait ou dit à mépris de Dieu ou de Notre-Dame et des Saints; péchés de corps, jeux de dés, taverniers et autres péchés. *Fais abattre en ta terre, sagement et en bonne manière, les traîtres à ton pouvoir; fais-les chasser de ta terre et les autres mauvaises gens, tant qu'elle en soit bien purgée.* Lorsque, par sage conseil de bonnes gens, tu entendras quelque chose à bien faire, avance-les par tout ton pouvoir; mets grand soin à ce que tu fasses reconnoître les bontés que NotreSeigneur t'aura faites, et que tu l'en saches remercier.

Cher fils, je t'enseigne que tu mettes grande entente à ce que les deniers que tu dépenseras soient à bon usage dépensés, et qu'ils soient levés justement : c'est un sens que je voudrois que tu eusses beaucoup, c'est-à-dire que tu te gardasses de folles dépenses et de mauvaises prises, et que tous tes deniers fussent bien pris et bien employés, et ce sens t'enseigne Notre-Seigneur, avec les autres sens qui te sont profitables et convenables.

Cher fils, je te prie que, s'il plaît à Notre-Seigneur que je trépasse de cette vie avant toi, que tu me fasses aider par messes et par oraisons, et que tu envoies par les congrégations du royaume de France, pour leur faire demander prières pour mon âme, et que tu entendes à tous les biens que tu feras, que Notre-Seigneur m'y donne part.

Cher fils, je te donne toute la bénédiction que le père

peut et doit donner à son fils, et prie Notre Seigneur Dieu Jésus-Christ que, par sa grande miséricorde et par les prières et par les mérites de sa bienheureuse mère la vierge Marie, et des Anges et des Archanges, et de tous Saints et de toutes Saintes, qu'il te garde et défende que tu ne fasses chose qui soit contre sa volonté, et qu'il te donne grâce de faire sa volonté, et qu'il soit servi et honoré par toi ; et puisse-t-il accorder à toi et à moi, par sa grande générosité, qu'après cette mortelle vie, nous puissions venir à lui pour la vie éternelle, là où nous puissions le voir, aimer et louer sans fin. *Amen.*

A lui soit gloire, honneur et louange qui est un Dieu avec le Père et le Saint-Esprit, sans commencement et sans fin. *Amen.*

INSTRUCTIONS DE LOUIS XIV A SON PETIT-FILS.

Mon cher enfant, vous allez être bientôt Roi d'un grand royaume ; ce que je vous recommande le plus fortement, est de n'oublier jamais les obligations que vous avez à Dieu.... Souvenez-vous que vous lui devez tout ce que vous êtes...

Tâchez de conserver la paix avec vos voisins.

J'ai trop aimé la guerre ; ne m'imitez pas en cela, non plus que dans les trop grandes dépenses que j'ai faites.

Prenez conseil en toutes choses, et cherchez à connoître le meilleur, pour le suivre toujours.

Soulagez vos peuples le plus tôt que vous pourrez, et faites ce que j'ai eu le malheur de ne pouvoir faire moi-même.

Mon cher enfant, je vous donne de tout mon cœur ma bénédiction, et il l'embrassa ensuite deux fois avec de grandes marques d'attendrissement.

TESTAMENT DE LOUIS XVI.

Au nom de la très-sainte Trinité, du Père, du Fils et du Saint-Esprit. Aujourd'hui vingt-cinquième jour de décembre, mil sept cent quatre-vingt-douze, moi, Louis, XVI° du nom, Roi de France, étant depuis plus de quatre mois enfermé avec ma famille dans la tour du Temple à Paris, par ceux qui étoient mes sujets, et privé de toute communication quelconque, même depuis le onze du courant, avec ma famille. De plus, impliqué dans un procès, dont il est impossible de prévoir l'issue à cause des passions des hommes, et dont on ne trouve aucun prétexte ni moyen dans aucune loi existante, n'ayant que Dieu pour témoin de mes pensées, et auquel je puisse m'adresser, je déclare ici en sa présence mes dernières volontés et mes sentimens.

Je laisse mon âme à Dieu mon créateur ; je le prie de la recevoir dans sa miséricorde, et de ne pas la juger d'après ses mérites, mais par ceux de Notre Seigneur Jésus-Christ, qui s'est offert en sacrifice à Dieu son Père pour nous autres hommes, quelqu'indignes que nous en fussions, et moi le premier.

Je meurs dans l'union de notre sainte mère l'Eglise Catholique, Apostolique et Romaine, qui tient ses pouvoirs par une succession non interrompue de S. Pierre, auquel J. C. les avoit confiés. Je crois fermement et je confesse tout ce qui est contenu dans le Symbole et les Commandemens de Dieu et de l'Eglise, les sacremens et les mystères tels que l'Eglise Catholique les enseigne et les a toujours enseignés. Je n'ai jamais prétendu me rendre juge dans les différentes manières d'expliquer les dogmes qui déchirent l'Eglise de J. C. ; mais je m'en suis rapporté et rapporterai toujours, si Dieu m'accorde vie, aux décisions que les supérieurs ecclésiastiques unis à la Sainte Eglise Catholique, donnent et donneront conformément à la discipline de l'Eglise suivie depuis J. C. Je plains de tout mon cœur mes frères qui peuvent être dans l'erreur; mais je ne prétends pas les juger, et je ne les aime pas moins tous en J. C. suivant ce que la charité chrétienne nous enseigne.

Je prie Dieu de me pardonner tous mes péchés. J'ai cherché à les connoître scrupuleusement, à les détester et à m'humilier en sa présence : ne pouvant me servir du ministère d'un prêtre catholique, je prie Dieu de recevoir la confession que je lui en ai faite, et surtout le repentir profond que j'ai d'avoir mis mon nom (quoique ce fût contre ma volonté) à des actes qui peuvent être contraires à la discipline et à la croyance de l'Eglise catholique à laquelle je suis toujours resté sincèrement uni de cœur. Je prie Dieu de recevoir la ferme résolution où je suis s'il m'accorde vie, de me servir aussitôt que je le pourrai du ministère d'un prêtre catholique pour m'accuser de tous mes péchés, et recevoir le sacrement de pénitence.

Je prie tous ceux que je pourrois avoir offensés par inadvertance (car je ne me rappelle pas d'avoir fait sciemment aucune offense à personne) ou ceux à qui j'aurois pu avoir donné de mauvais exemples ou des scandales, de me pardonner le mal qu'ils croient que je peux leur avoir fait.

Je prie tous ceux qui ont de la charité d'unir leurs prières aux miennes pour obtenir de Dieu le pardon de mes péchés.

Je pardonne de tout mon cœur à ceux qui se sont faits mes ennemis sans que je leur en aie donné aucun sujet, et je prie Dieu de leur pardonner, de même qu'à ceux qui, par un faux zèle, ou par un zèle mal entendu, m'ont fait beaucoup de mal.

Je recommande à Dieu, ma femme et mes enfans, ma sœur, mes tantes, mes frères, et tous ceux qui me sont attachés par les liens du sang ou par quelqu'autre manière que ce puisse être. Je prie Dieu de jetter particulièrement des yeux de miséricorde, sur ma femme, mes enfans et ma sœur qui souffrent depuis long-temps avec moi, de les soutenir par sa grâce s'ils viennent à me perdre, et tant qu'ils resteront dans ce monde périssable.

Je recommande mes enfans à ma femme ; je n'ai jamais douté de sa tendresse maternelle pour eux, je lui recommande surtout d'en faire de bons chrétiens et d'honnêtes hommes, de ne leur faire regarder les grandeurs de ce monde-ci (s'ils sont condamnés à les éprouver) que comme des biens dangereux et périssables, et de tourner leurs regards vers la seule gloire solide et durable de l'Eternité. Je prie ma sœur de vouloir bien continuer sa tendresse à mes enfans, et de leur tenir lieu de mère, s'ils avoient le malheur de perdre la leur.

Je prie ma femme de me pardonner tous les maux qu'elle souffre pour moi, et les chagrins que je pourrois lui avoir donnés pendant le cours de notre union, comme elle peut être sûre que je ne garde rien contre elle, si elle croyoit avoir quelque chose à se reprocher.

Je recommande bien vivement à mes enfans, après ce qu'ils doivent à Dieu, qui doit marcher avant tout, de rester toujours unis entre eux, soumis et obéissans à leur mere, et reconnoissans de tous les soins et les peines qu'elle se donne pour eux, et en mémoire de moi. Je les prie de regarder ma sœur comme une seconde mère.

Je recommande à mon fils, s'il avoit le malheur de devenir roi, de songer qu'il se doit tout entier au bonheur de ses concitoyens, qu'il doit oublier toute haine et tout ressentiment, et nommément tout ce qui a rapport aux malheurs et aux chagrins que j'éprouve, qu'il ne peut faire le bonheur des peuples, qu'en régnant suivant les lois ; mais en même-temps qu'un roi ne peut les faire respecter, et faire le bien qui est dans son cœur, qu'autant qu'il a l'autorité nécessaire, et qu'autrement étant lié dans ses opérations, et n'inspirant point de respect, il est plus nuisible qu'utile.

Je recommande à mon fils d'avoir soin de toutes les personnes qui m'étoient attachées, autant que les circonstances où il se trouvera lui en donneront les facultés; de songer que c'est une dette sacrée que j'ai contractée envers les enfans ou les parens de ceux qui ont péri pour moi, et ensuite de ceux qui sont malheureux pour moi. Je sais qu'il y a plusieurs personnes de celles qui m'étoient attachées, qui ne se sont pas conduites envers moi comme elles le devoient, et qui ont même montré de l'ingratitude; mais je leur pardonne (souvent dans les momens de trouble et d'effervescence on n'est pas le maître de soi), et je prie mon fils, s'il en trouve l'occasion, de ne songer qu'à leur malheur.

Je voudrois pouvoir témoigner ici ma reconnoissance à ceux qui m'ont montré un attachement véritable et désintéressé. D'un côté, si j'étois sensiblement touché de l'ingratitude et de la déloyauté de ceux à qui je n'avois jamais témoigné que des bontés, à eux, à leurs parens ou amis; de l'autre, j'ai eu de la consolation à voir l'attachement et l'intérêt gratuit que beaucoup de personnes m'ont montrés. Je les prie d'en recevoir tous mes remercîmens. Dans la situation où sont encore les choses, je craindrois de les compromettre, si je parlois plus explicitement; mais je recommande spécialement à mon fils de chercher les occasions de pouvoir les reconnoître.

Je croirois calomnier cependant les sentimens de la nation, si je ne recommandois ouvertement à mon fils Mrs de Chamilly et Hue, que leur véritable attachement pour moi avoit portés à s'enfermer avec moi dans ce triste séjour, et qui ont pensé en être les malheureuses victimes. Je lui recommande aussi Cléry, des soins duquel j'ai eu tout lieu de me louer depuis qu'il est avec moi. Comme c'est lui qui est resté avec moi jusqu'à la fin, je prie Mrs de la Commune de lui remettre mes hardes, mes livres, ma montre, ma bourse, et les autres petits effets qui ont été déposés au Conseil de la Commune.

Je pardonne encore très-volontiers à ceux qui me gardoient, les mauvais traitemens et les gênes dont ils ont cru devoir user envers moi. J'ai trouvé quelques âmes sensibles et compatissantes ; que celles-là jouissent dans leur cœur de la tranquillité que doit leur donner leur façon de penser.

Je prie Mrs de Malesherbes, Tronchet et Desèze , de recevoir ici tous mes remercîmens et l'expression de ma sensibilité, pour tous les soins et les peines qu'ils se sont donnés pour moi.

Je finis en déclarant devant Dieu, et prêt à paroître devant lui, que je ne me reproche aucun des crimes qui sont avancés contre moi. Fait double à la tour du Temple, le 25 décembre 1792.

LOUIS.

TESTAMENT DE LA REINE MARIE-ANTOINETTE.

Ce 16 octobre 1793, à quatre heures et demie du matin.

C'est à vous, ma sœur, que j'écris pour la dernière fois : je viens d'être condamnée non pas à une mort honteuse, elle ne l'est que pour les criminels, mais à aller rejoindre votre frère ; comme lui innocente, j'espère montrer la même fermeté que lui dans ces derniers momens. Je suis calme comme on l'est quand la conscience ne reproche rien. J'ai un profond regret d'abandonner mes pauvres enfans ; vous savez que je n'existois que pour eux ; et vous, ma bonne et tendre sœur, vous qui avez par votre amitié tout sacrifié pour être avec nous, dans quelle position je vous laisse! J'ai appris par le plaidoyer même du procès que ma fille étoit séparée de vous: hélas! la pauvre enfant, je n'ose pas lui écrire, elle ne recevroit pas ma lettre, je ne sais même pas si celle-ci vous parviendra; recevez pour eux deux ici ma bénédiction. J'espère qu'un jour, lorsqu'ils seront plus grands, ils pourront se réunir avec vous, et jouir en entier de vos tendres soins. Qu'ils pensent tous deux à ce que je n'ai cessé de leur inspirer, que les principes, et l'exécution exacte de ses devoirs sont la première base de la vie; que leur amitié et leur confiance mutuelle en feront le bonheur; que ma fille sente qu'à l'âge qu'elle a, elle doit toujours aider son frère par les conseils que l'expérience qu'elle aura de plus que lui et son amitié pourront lui inspirer : que mon fils, à son tour, rende à sa sœur tous les soins, les services que l'amitié peut inspirer; qu'ils sentent enfin tous deux que dans quelque position où ils pourront se trouver, ils ne seront vraiment heureux que par leur union. Qu'ils prennent exemple de nous; combien dans nos malheurs notre amitié nous a donné de consolation! et dans le bonheur on jouit doublement quand on peut le partager avec un ami; et où en trouver de plus tendre, de plus cher que dans sa propre famille? Que mon fils n'oublie jamais les derniers mots de son père, que je lui répète expressément, qu'il ne cherche jamais à venger notre mort! J'ai à vous parler d'une chose bien pénible à mon cœur. Je sais combien cet enfant doit vous avoir fait de la peine; pardonnez-lui, ma chère sœur, pensez à l'âge qu'il a, et combien il est facile de faire dire à un enfant ce qu'on veut, et même ce qu'il ne comprend pas; un jour viendra, j'espère, où il ne sentira que mieux tout le prix de vos bontés et de votre tendresse pour tous deux. Il me reste à vous confier encore mes dernières pensées : j'aurois voulu les écrire dès le commencement du procès; mais, outre qu'on ne me laissoit pas écrire, la marche en a été si rapide, que je n'en aurois réellement pas eu le temps.

Je meurs dans la religion catholique, apostolique et romaine, dans celle de mes pères, dans celle où j'ai été élevée, et que j'ai toujours professée, n'ayant aucune consolation spirituelle à attendre, ne sachant pas s'il existe encore ici des prêtres de cette religion, et même le lieu où je suis les exposeroit trop, s'ils y entroient une fois. Je demande sincèrement pardon à Dieu de toutes les fautes que j'ai pu commettre depuis que j'existe. J'espère que dans sa bonté il voudra bien recevoir mes derniers vœux, ainsi que ceux que je fais depuis long-temps pour qu'il veuille bien recevoir mon âme dans sa miséricorde et sa bonté. Je demande pardon à tous ceux que je connois, et à vous, ma sœur, en particulier, de toutes les peines que, sans le vouloir, j'aurois pu vous causer. Je pardonne à tous mes ennemis le mal qu'ils m'ont fait. Je dis ici adieu à mes tantes et à tous mes frères et sœurs. J'avois des amis; l'idée d'en être séparée pour jamais et leurs peines sont un des plus grands regrets que j'emporte en mourant; qu'ils sachent, du moins, que jusqu'à mon dernier moment, j'ai pensé à eux. Adieu, ma bonne et tendre sœur ; puisse cette lettre vous arriver ! Pensez toujours à moi : je vous embrasse de tout mon cœur, ainsi que ces pauvres et chers enfans. Mon Dieu ! qu'il est déchirant de les quitter pour toujours ! Adieu ! adieu ! je ne vais plus m'occuper que de mes devoirs spirituels. Comme je ne suis pas libre dans mes actions, on m'amenera peut-être, un prêtre ; mais je proteste ici que je ne lui dirai pas un mot, et que je le traiterai comme un être absolument étranger.

PRIÈRE DE Mme ÉLISABETH.

Que m'arrivera-t-il aujourd'hui, ô mon Dieu ? Je n'en sais rien;
tout ce que je sais, c'est qu'il ne m'arrivera rien que vous n'ayiez tout
prévu, réglé et ordonné de toute éternité : cela me suffit. J'adore vos
desseins éternels et impénétrables, je m'y soumets de tout mon cœur,
pour l'amour de vous. Je veux tout ; j'accepte tout ; je vous fais un
sacrifice de tout, et j'unis ce sacrifice à celui de Jésus-Christ, mon
Dieu sauveur ; je vous demande, en son nom, et par ses mérites infinis,
la patience dans ma peine, et la parfaite soumission, qui vous est due
pour tout ce que vous voulez ou permettez. — Ainsi soit-il.

DERNIÈRES PAROLES DU DUC DE BERRY (1).

.... Le Duc chancelle, le sang de saint Louis
s'épanche par torrens, et dans sa rapide éruption, jaillit
sur l'épouse désolée. On s'empresse, on accourt. La
science des hommes est vaine : le Prince le sent, et les
jours lui ont manqué pour achever sa gloire ; il ne
possède plus enfin que les derniers instans qui pré-
cèdent la mort. L'espace est court, et cependant le Duc
y fait entrer son immortalité tout entière. En proie à des
tourmens affreux, il les adoucit en veillant sur tout ce
qui l'entoure : que faites-vous ? dit-il à un de ses plus
zélés serviteurs : vous sucez ma blessure, et peut-être elle
est empoisonnée... Puis il veut consoler l'épouse dont
il a tant de peine à se détacher ; et, au nom de l'enfant qu'elle porte dans son sein, il la conjure de modérer
son désespoir. La mort approche de plus près, et il
s'afflige parce qu'il n'a pas le temps de solliciter la grâce
de l'*homme* qui l'a frappé. Tout autre à sa place déplo-
reroit la grandeur qu'il perd, le trône qui lui échappe :
« qu'il est cruel pour moi de mourir de la main d'un
Français! » voilà le seul regret qui sorte de son cœur.
Les preux de l'armée entourent son lit funéraire. Un
dernier élan le ramène à la gloire: « pourquoi n'ai-je pas

____

(1) Extrait du *Berryana*, par M. de Saint-Prosper.

trouvé la mort dans les combats au milieu de vous! »
Alors la religion a son tour : il demande qu'un saint
évêque vienne le nourrir des paroles fortifiantes. Il
l'écoute, et, simple comme un enfant, il confesse à
haute voix ses fautes, remet le crime à son meurtrier,
et demande à la foule qui le presse de lui pardonner les
scandales que l'ardeur de sa jeunesse a pu quelquefois
donner aux hommes. Noble et touchant aveu! le Ciel
vous a reçu, et la grande âme de saint Louis en a tres-
sailli de joie !

Au milieu de cette scène, apparoît toute une famille
à genoux. Là sont confondus, un père, une sœur et une
épouse. Tous prient, mais c'est en vain; car il est des
instans où la prière du juste ne monte pas jusqu'au
Ciel. Cependant pour la première fois, la royale victime
connoît la crainte. « Pensez-vous, disoit-il à son frère,
que Dieu me pardonne? — Oui, puisqu'il a fait de vous
un martyr. » C'est la seule consolation qu'un fils de
France puisse donner à son frère. Le Duc bénit sa fille,
cherche la main de sa femme, la serre encore une fois,
et tombe dans une longue agonie. Pourquoi faut-il que
la mort lui soit si cruelle ? Sa douceur, sa piété auroient
dû en désarmer la rigueur. Dieu ne le vouloit pas ainsi:
Le Duc devoit encore un dernier exemple à la terre.
Les tourmens qu'il endure deviennent plus affreux; il
est déjà presque hors de la vie.... Le Roi arrive. Un
effort, le dernier de tous soutient le Prince, et sa voix
murmure ces mots : « Grâce, Sire, grâce pour l'*homme
qui m'a frappé*; je vous en conjure, Sire. » La parole
expire sur ses lèvres, et l'agonie redouble. — Courage,
mon frère, s'écrie l'héroïne de toutes les douleurs;
courage, mon frère; mais si l'Eternel vous appelle à lui,
dites à mon père qu'il prie pour la France et pour nous.
six heures sonnèrent. Dieu accorda un dernier répit,
et trente-cinq minutes après, le Duc expira...